AF244384

SAINTE-GENEVIÈVE

ET

LA FRANCE

VIE — MIRACLES — NEUVAINE — OFFICE
CHANT NATIONAL

PAR

GABRIELLE MILON DE V....

> Elle cria au Seigneur, et le Seigneur
> sauva son peuple, et le délivra de tous
> ses maux. ESTHER, 14.

QUATRIÈME ÉDITION

PARIS

J. MOLLIE, LIBRAIRE-ÉDITEUR

131, BOULEVARD SAINT-GERMAIN, 131

A côté de l'église Saint-Germain des Prés

1870

SAINTE GENEVIÈVE

ET LA FRANCE

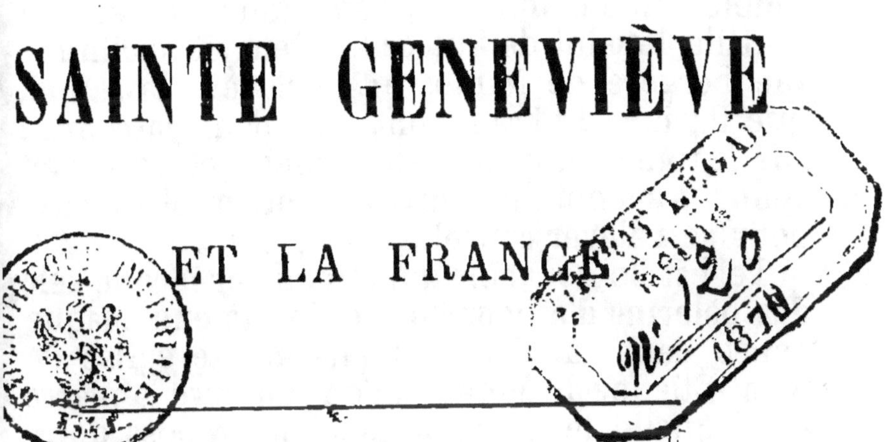

Il est dans Paris un quartier qui, tous les ans, du 3 au 12 janvier, devient le théâtre d'un mouvement extraordinaire. Non-seulement la foule parisienne y afflue, mais la population de la banlieue s'y donne rendez-vous, et nos voisins d'outre Seine, à l'aide de véhicules plus ou moins élégants, viennent, tour à tour, peupler les vastes rues de ce quartier habituellement assez désert : c'est celui du Panthéon.

Qui peut ainsi mettre en mouvement depuis plusieurs siècles, à époque fixe, des masses aussi considérables d'individualités si diverses ? Un grand souvenir, source de doux et nobles sentiments ; le souvenir d'une jeune fille qui sortit des ombres du paganisme comme une étoile bienfaisante, et fit germer à la chaleur de ses rayons, dans les temps nébuleux de la barbarie, les principes de la civilisation qui fait maintenant la grandeur de la France. Cette jeune fille, c'est Geneviève, la contemporaine et l'amie de Clotilde, le conseil de Clovis, l'idole d'une nombreuse population, la terreur d'Attila, le salut de Lutèce !... Geneviève, l'humble bergère de Nanterre; Geneviève la sainte, que Paris et la France ont prise pour patronne ; sur le tombeau de laquelle peuples et rois sont venus s'agenouiller malades ou malheureux, pour se relever consolés ou guéris....

Tel est le souvenir qui stimule encore le zèle des pèlerins d'aujourd'hui et les amène chaque année dans la vieille et charmante église de Saint-Étienne du Mont, où l'on conserve la pierre sur laquelle le corps de la sainte reposa dans la tombe et où l'on vénère une notable partie de ses reliques.

La vie de sainte Geneviève s'est trouvée mêlée à des faits d'un si haut intérêt pour qui porte un cœur français, qu'on nous saura gré, nous l'espérons, de faire une petite excursion dans le passé pour nous rapprocher quelques instants de cette admirable femme qui a laissé de si durables souvenirs.

Geneviève naquit dans le cinquième siècle, vers 433, au milieu des grandes luttes de la barbarie avec l'ancien monde civilisé qui tombait faute de ressources morales, pour soutenir sa puissance matérielle étendue à l'excès. Les hordes du Nord, trop à l'étroit dans les limites de leurs pays sauvages et de leurs institutions brutales, débordaient à tour de rôle sur l'Occident, et passaient terribles comme des torrents qui cherchent à retrouver leur niveau. Déjà les Gaules avaient eu à subir leurs dévastations et n'auraient bientôt offert qu'un vaste champ de ruines, si le christianisme en y pénétrant n'avait souvent préservé et toujours réparé, au moins en partie, les malheurs d'une guerre à mort.

Les parents de Geneviève, Sévère et Géronce, étaient chrétiens; ils vivaient dans un village situé à peu de distance de Lutèce, au pied du Mont-Valérien; ce village c'était Nanterre, qui, alors, ne se ralliait pas comme aujourd'hui à sa métropole par des promenades magnifiques, des villas élégantes; c'était un lieu agreste couvert de forêts, dans lesquelles les druides avaient longtemps exercé leur culte mystérieux et que saint Denys, premier apôtre des Gaules, était venu sanctifier par sa présence, et par l'exercice de ses vertus apostoliques.

Geneviève fut baptisée. Dieu, qui la destinait à de grandes choses, avait doué son esprit de pénétration et son cœur de générosité.

Elle put être initiée de bonne heure aux principes régénérateurs de l'Évangile; « et, dit un vieux chroniqueur, les lumières que le Seigneur versait dans son âme, ne pouvaient demeurer cachées sous le voile de son enfance. » — « Aussi, dit un autre historien[1], Geneviève encore très-jeune attirait l'attention de tous dans le village de Nanterre. Parmi les enfants de son âge, elle montrait un de ces caractères qui charment par l'indépendance, la franchise des premières inspirations, et qui font deviner en même temps une âme hors ligne, capable d'affronter le péril, réfractaire à l'ingratitude, ennemie seulement de ses propres faiblesses. Mieux avisée que ses compagnes qui lui de-

1. M. Lefeuve, *Histoire de sainte Geneviève, patronne de Paris*, 1861. (Les passages guillemetés sont généralement extraits de cet ouvrage.)

vaient souvent le bon exemple, elle faisait en tout la part du devoir; il y avait quelque chose de sérieux jusque dans ses divertissements. »

Un jour, grand émoi dans le village de Nanterre : deux voyageurs illustres venaient de s'y arrêter. Le renom de science, de distinction et de sainteté qui les entoure, joint au caractère auguste dont-ils sont revêtus, augmente la curiosité des habitants à leur égard : ces voyageurs étaient saint Germain, évêque d'Auxerre, et saint Loup, évêque de Troyes. Tous deux allaient en Grande-Bretagne combattre l'hérésie.

On savait que ces deux personnages, avant de se vouer au sacerdoce, avaient brillé dans le monde, et rempli avec éclat de hautes fonctions dans l'ordre civil; on savait encore que leurs vertus dépassaient leurs talents : c'en était assez pour que chacun cherchât à en recevoir un témoignage de bienveillance, un conseil ou une bénédiction. Germain, qu'on ose aborder sans crainte, répond à tous avec bonté; sa parole est une lumière, sa contenance seule est une prédication. Bientôt il remarque dans la foule une jeune fille, une enfant encore, mais dont les traits portent l'empreinte d'une visible prédestination — « Quelle est cette enfant, demande-t-il? » On nomme l'intéressante Geneviève, qu'ont amenée Sévère et Géronce. « Saint Germain aime les enfants; que de fois il a lu sur leur front quelque chose de leur avenir! — Geneviève de son côté a pour les vieillards une grande vénération; elle prête à leurs discours l'oreille la plus attentive, parce qu'ils sont pour elle des livres ouverts. — Dès qu'elle voit l'évêque faire un pas de son côté, elle 'accourt, et la joie qui brille dans ses yeux montre qu'elle est reconnaissante de la bienveillance exprimée dans ceux du pasteur. »

Germain découvrit promptement les trésors cachés dans la jeune âme de Geneviève, quand il eut causé avec elle quelques instants ; l'assistance attentive et touchée se demandait si c'était le vieillard qui savait descendre à la portée de la jeune fille, ou si c'était elle qui s'élevait jusqu'à lui. — Que vous êtes heureux, dit-il, en se tournant vers le père et la mère de Geneviève, d'avoir donné le jour à cette enfant prédestinée ; n'en doutez pas, elle servira à l'exécution des grands desseins de la Providence ; elle fera bruit dans le monde, à cause des bontés du Très-Haut à son égard, et l'on verra à l'exemple de cette femme des hommes changer de vie et s'employer au bien. »

Il ajouta : « Et toi, Geneviève, dis-nous si, désirant répondre aux volontés du Seigneur, tu aurais plaisir à lui consacrer ta vie? » — « Mon cœur brûle de lui appartenir, et je promets dès à présent de n'avoir jamais d'autre époux. Si vous ne me croyez pas indigne de lui, autorisez mes espérances, mon père, en me donnant une bénédiction particulière. »

Les deux mains du prélat s'arrêtèrent un moment sur la tête de la jeune fille : puis il la quitta en recommandant à ses parents de la lui amener de nouveau le lendemain. C'est ainsi que cet homme de Dieu sut prédire la mission que devait remplir Geneviève à l'égard d'un pays dont il prévoyait les hautes destinées.

« Germain est si bien l'homme de son siècle qu'il en connaît tous les côtés faibles ; il a mesuré la misère de cette société gallo-romaine dont il a connu les grands, dont il a secouru les pauvres et les faibles ; » il sait que, si chez les peuples malades, la femme sans principes est un élément de décadence et de mort, la femme régénérée par le christianisme peut y être un baume, un remède, un élément de vie. Il salue donc avec joie, dans cette enfant, la femme de l'avenir, dont il entrevoit le rôle bienfaisant.

Le lendemain, Geneviève, fidèle à la recommandation de l'évêque, se rend à l'église ; elle y trouve Germain en prières et s'approche respectueusement de lui. « Eh bien ! ma fille, te souviens-tu des promesses que tu fis hier ? et nourris-tu les mêmes désirs ? »

— « Dieu travaille en moi, répond-elle, et je n'aspire qu'à me conserver digne de lui. » Alors Germain attache au cou de Geneviève une médaille sur laquelle une croix est gravée. « Respecte, mon enfant, ce signe de ton alliance avec Dieu. Garde-toi des autres ornements d'or ou d'argent qui sont l'apanage des filles du siècle, et conserve fidèlement les joyaux précieux de la grâce que le ciel a déposés dans ton cœur. »

Les paroles du saint évêque ne furent pas perdues pour Geneviève ; elle fit, en effet, fructifier en elle les dons de Dieu. « En même temps que son âme se déprenait de la matière, » elle s'élevait à la hauteur de la charité qui enfante le zèle pour autrui. « Aussi, tout en se livrant aux travaux de la campagne, et tout en gardant les troupeaux de son père, elle s'appliquait à des études plus relevées ; elle acquit ainsi des connaissances en physique, en botanique, en astronomie, et non-seulement elle s'en servait pour combattre les maladies qui atteignent les troupeaux, mais surtout pour soulager ses semblables. Ayant appris à connaître les simples, elle en faisait une moisson quotidienne au profit des malades pauvres. Ceux-ci la virent à leur chevet, et bientôt, l'expérience aidant, elle put donner des conseils, panser les blessures, ramener le sommeil, compter avec la fièvre, fortifier l'enfance, adoucir l'agonie.

« Mais à peine la jeune fille eut-elle soulevé le voile de la science et fait preuve d'une intelligence égale à ses vertus, que la jalousie leva la tête et suscita mille embarras à celle qui s'était constituée sœur de Charité. » De tout temps le bien a été difficile à faire ; Geneviève en acquit alors la triste expérience. La malveillance de ceux pour lesquels sa vie et ses œuvres étaient une amère leçon, vint entraver ses efforts et lui causer de cuisants chagrins, auxquels s'ajouta bientôt la douleur de voir mourir son père et sa mère.....

Geneviève orpheline, en butte à la calomnie, quitta Nanterre et alla se réfugier chez sa marraine qui habitait Lutèce. « Mais les épreuves qu'elle avait eu à subir, la vie sédentaire qui succédait pour elle aux occupations de la campagne, l'influence de l'atmosphère épaisse et humide de la ville, resserrée alors entre les deux bras de la Seine dans l'île de la cité, l'exiguïté de l'habitation qu'elle occupait, tout cela concourut sans doute à affaiblir son tempérament et elle tomba gravement malade. »

Un dépérissement graduel se manifesta ; ses

membres furent presque entièrement paralysés et elle parut toucher à sa fin.

Mais Dieu qui voulait l'employer à l'accomplissement de ses desseins, la ramena des portes du tombeau et l'obligea de reprendre le fardeau de la vie.

Son existence se passa dès lors dans les exercices de la prière, de la pénitence et de la charité. Vers cette époque, une grande consolation lui fut accordée. Saint Germain, le père de son âme, le précurseur de sa vocation sainte, passa par Lutèce; il voulut voir celle dont il avait prévu les destinées. Il jugea bien vite de la manière dont elle avait tenu ses promesses et fit tomber enfin par l'aplomb et l'autorité de sa parole, les soupçons injurieux que l'envie et l'impiété n'avaient cessé de faire planer sur elle.

Geneviève habita la cité jusqu'à la mort de sa marraine ; à ce moment, elle alla s'établir sur la colline à laquelle on a donné depuis le nom de montagne Sainte-Geneviève. C'est là qu'on allait chercher ses conseils, réclamer ses prières, demander son secours ; c'est de là qu'elle épanchait par ses exemples, ces parfums de christianisme que le païen respirait en quelque sorte malgré lui, mais qui l'attiraient toutefois du côté de la vérité.

Geneviève captivait les femmes et les enfants, subjuguait le peuple, imposait à tous par le charme de sa bonté, la lumière de sa sagesse, l'ascendant de sa vertu, et Dieu permit que plusieurs grâces miraculeuses obtenues par son intercession, vinssent prouver à cette race matérielle et sceptique l'intervention divine dans les choses humaines.

Un jour, le nom d'Attila est dans toutes les bouches ; la terreur s'empare de tous les cœurs ; on apprend que le *fléau de Dieu* s'avance sur Paris. Déjà ce chef terrible est en possession d'une grande partie des provinces de l'Est et y a semé la désolation....

Aetius, général romain, gouverneur d'une partie des Gaules, se ménage l'alliance des Francs et des Visigoths pour repousser les hordes innombrables ; mais pendant les longues négociations qu'exige l'exécution de son plan politique, les barbares, mieux avisés, changent brusquement de direction, s'avancent vers le centre de la contrée et y auront porté la ruine, avant qu'Aetius et ses alliés aient pu les rejoindre. Déjà l'ennemi n'est plus qu'à quelques journées de Lutèce. Dès lors tout espoir abandonne les habitants ; les pauvres se lamentent, les riches s'empressent de fuir ; les magistrats ne cherchent plus à conjurer le danger ; la terreur les paralyse !

Au milieu de ce trouble général, Geneviève, seule, après avoir prié, sait agir !... Habituée à suivre les événements qui intéressent sa patrie, elle n'ignore pas la direction qu'a prise l'armée d'Aetius ; elle sait trouver un messager aussi vigilant que fidèle :

— « Pars, lui dit-elle, et ne t'arrête que lorsque tu auras rencontré le préfet romain ; dis-lui que les barbares sont prêts à fondre sur nous ; que Geneviève supplie Aetius de retourner sur ses pas et de venir en toute hâte défendre nos murs. S'il se presse, il arrivera encore avant Attila, et Dieu lui donnera la victoire. »

Confiante dans l'intervention du Seigneur qui

lui a promis son assistance, elle parcourt les rues et les places de la ville, faisant part aux habitants de sa démarche et de ses espérances; rassure, encourage, affirme le secours divin, engage à la prière. On l'acclame, on la bénit, on la porte en triomphe; elle atteint un des faubourgs; là, elle voit une foule agitée; des familles entières s'apprêtent à s'expatrier; les chariots déjà chargés s'ébranlent. Geneviève les arrête: « Que faites-vous? ne fuyez pas; Dieu vous l'ordonne par ma bouche. Il m'a révélé son secours.... Craignez sa colère si vous doutez de sa bonté... »

Les fuyards, suspendus entre la crainte et l'espérance, se groupent autour de Geneviève dans la plus vive anxiété; on hésite, on la questionne. Tout à coup, une voix s'élève dans la foule: « Sommes-nous obligés de te croire? » s'écrie un homme à l'esprit turbulent et frondeur, qui depuis longtemps s'irrite d'entendre parler Geneviève avec l'accent d'autorité que lui donne le sentiment de sa mission; « ne sait-on pas que tu nourris des intelligences avec l'ennemi et que ton but est de nous retenir pour qu'il puisse mieux nous surprendre? »

— « Il a raison, ajoute un autre, encouragé par cette première attaque; cette fille est une sorcière, en connivence avec le diable. »

— « Elle est la cause de tous nos maux, vocifère un troisième, elle nous a jeté un sort, nous sommes victimes de ses maléfices. »

La confiance s'ébranle, les esprits s'échauffent, l'exaspération d'un petit nombre de factieux se propage bientôt chez tous... En vain quelques-uns de ceux qui tout à l'heure chantaient ses louanges veulent la défendre, leur conviction chancelle devant les affirmations emportées de ses ennemis, et les cris: « A mort, la sorcière ! » se répètent dans la foule.

Geneviève essaye de calmer ses accusateurs par des paroles de bonté ; mais la colère du peuple s'accroît encore devant ses justifications.

Dès lors, calme et sereine, les yeux levés vers le ciel, la sainte offre sa vie de grand cœur si une victime est nécessaire pour le salut de tous !

Un bûcher s'élève et des liens retiennent déjà les mains de la vierge, lorsqu'un homme plein d'énergie et de jeunesse fend la foule, et d'une voix puissante s'écrie : « Arrêtez, malheureux ! « vous immolez votre libératrice !... c'est à sa « sollicitation qu'Aetius accourt pour vous dé- « fendre. Je l'ai vu ; bientôt il sera sous vos « murs, et d'ailleurs, Attila détourné dans sa « course par un bras invisible, a quitté les envi- « rons de Lutèce et porte ses pas vers Or- « léans. »

Le silence se fait ; l'étonnement, l'espérance, arrêtent les accents de la fureur populaire, chacun tourne ses regards vers celui qui prononce ces paroles de délivrance.

« — Nomme-toi ! s'écrie-t-on de toute part : d'où tiens-tu ces nouvelles ? N'es-tu pas aussi un faux prophète ?

— « Je suis Sedulius, l'envoyé de Germain d'Auxerre que vous appeliez votre père et votre ami. » A ce nom vénéré le tumulte cesse entiè- rement, Sedulius continue: « J'ai reçu le dernier soupir de cet homme de Dieu ! je fus chargé par lui d'apporter à Geneviève un témoignage de sa constante estime, et c'est en accomplissant mon message que j'ai appris comment, grâce à cette femme, vous allez être sauvés. »

Une clameur générale s'élève ; la joie éclate ; on court aux portes de la ville, espérant apercevoir de loin l'armée d'Aetius. La foule se disperse et Geneviève reste seule avec Sedulius ; il rompt les liens qui la retiennent captive, lui remet les eulogies que le saint lui avait destinées, et tombant à genoux ils remercient tous deux le Seigneur, elle de la protection qu'il daigne accorder à ce peuple aveugle, lui du secours que Germain, même après sa mort, donnait encore une fois à Geneviève.

A partir de ce moment, cette sainte fille devint l'oracle de la cité. Rien d'important ne s'accomplissait sans son conseil, et son influence rayonnait au loin.

Geneviève était instruite, car elle avait toujours aimé le travail intellectuel. Les savants et lumineux écrits des Pères de l'Église avaient donné une certaine impulsion aux études littéraires, et plusieurs femmes à cette époque, n'y restant point étrangères, cultivaient les lettres latines et discutaient même quelques points de philosophie. « Geneviève n'allait pas jusquelà, bien que l'étendue et la solidité de ses connaissances ajoutassent un attrait de plus au plaisir qu'on avait à la voir et à l'entendre. » Ses études lui servirent surtout à appuyer sa foi sur les raisons les plus solides. Elle put ainsi résister à l'attrait des nombreuses erreurs, qui à cette époque, surgissant du sein même du christianisme, prenaient forme de doctrine, troublaient un grand nombre d'esprits, et les attiraient par des sophismes séduisants en dehors de la communion catholique. Geneviève était de force à reconnaître le piége, à combattre l'erreur, à défendre la vérité; c'est ce qu'elle fit avec succès, car Dieu donnait à ses paroles une onction pénétrante qui gagnait les cœurs.

Pleine de dévotion pour l'apôtre qui le premier était venu parler du Christ dans les Gaules, elle allait souvent en pèlerinage au village de l'Estrée (aujourd'hui Saint-Denys) pour prier sur le tombeau du saint, et gémissait de voir les reliques de ce grand missionnaire laissées dans l'oubli et l'abandon. Elle conçut le dessein d'élever à l'Estrée un temple chrétien dédié à saint Denys. Dépourvue de ressources personnelles, mais riche de zèle et d'intelligence, elle parvint à trouver argent, ouvriers, matériaux. « Elle décide aussi la fondation d'un hospice entre Paris et le bourg de l'Estrée, ainsi que l'érection d'une chapelle qui servira de lieu de repos à mi-chemin du pèlerinage au tombeau de saint Denys. »

Ces deux dernières constructions s'élevèrent rapidement, et des maisons groupées à l'entour formèrent un village, qui maintenant l'un des faubourgs les plus populeux de Paris, porte le nom de *Chapelle-Saint-Denis*.

Quant à l'église Saint-Denys de l'Estrée, les travaux en furent quelque temps suspendus faute de ressources, mais la persévérance de Geneviève finit par écarter tous les obstacles; l'édifice s'éleva et fut le berceau de la basilique qui servit plus tard de sépulture à nos rois.

Avant d'appartenir définitivement à la race

2.

franque, Paris devait subir plus d'une vicissitude. Mérovée, après avoir concouru avec les Visigoths et les Romains à la grande défaite des Huns dans les plaines de Châlons, trouva bon de penser à lui, même en profitant des troubles qui divisaient l'empire, pour descendre la Seine, et s'emparer de la cité parisienne; mais ses habitants, bien que fatigués du joug des Romains, n'osaient accueillir le chef des Francs, redoutant ou la colère des Impériaux, ou les représailles des Huns. Aussi la défense s'organisa dans cette cité, qui offrit une vigoureuse résistance aux attaques de Mérovée. Ce dernier résolut donc de cerner la ville et de la prendre par la famine. C'est alors que la mission de Geneviève à l'égard du peuple parisien se révéla de nouveau.

Endurcie par les rigueurs de la pénitence, habituée à toutes les privations, elle souffrait bien moins pour elle-même que pour ses frères. « Le « pauvre peuple qui mourait de langueur sur « le pavé regrettait d'avoir échappé à la fureur « d'Attila. Paris était un grand sépulcre où l'on « ne voyait que de pâles ombres et des squelettes « horribles. » Ne pouvant supporter plus longtemps la vue de si cruelles souffrances, Geneviève, après avoir invoqué le Seigneur, se chargea de ravitailler Paris, et, quel que fût le péril, résolut d'y introduire un convoi de vivres! Elle soumit son plan au Municipe; celui-ci se montra d'abord plein d'hésitation et fit toutes les représentations que la prudence pouvait inspirer; enfin, gagné à la confiance par le courage et la sagesse de Geneviève, il consentit à lui donner la somme nécessaire pour l'achat d'une grande quantité de grains.

Elle part donc par eau, dans une frêle embarcation, et se dirige vers la Champagne, accompagnée seulement de trois bateliers.

Elle sut tromper la vigilance des Francs, et remontait rapidement la Seine, lorsque tout à coup elle vit pâlir les rameurs; en même temps elle sent un mouvement insolite imprimé à la barque!... c'est qu'un des tourbillons qui se rencontrent fréquemment dans le fleuve est prêt à les engloutir!...

Elle s'empare vivement du gouvernail que vient d'abandonner la main du pilote, et grâce à son mouvement habile secondé par un vigoureux coup de rame donné par le plus intelligent des bateliers qui comprend sa manœuvre, la barque se relève et Geneviève la pousse vers la rive où la remonte est toujours plus facile. Mais hélas! la barque aborde un tronc d'arbre qui la repousse vers le tourbillon!... L'instant est critique, la force et la présence d'esprit de Geneviève ne l'abandonnent pas et elle parvient encore à triompher de ce péril imminent.

Arrivée à Arcis-sur-Aube, elle y est bientôt reconnue pour être la « *Vierge de Nanterre.* » Aussitôt chacun s'empresse de lui amener des malades, car on sait son pouvoir auprès de Dieu. Le bruit d'une guérison obtenue par ses prières se répand rapidement jusqu'à la ville de Troyes, vers laquelle la sainte se dirige, et y excite la plus vive agitation. Aussi le poëte a-t-il écrit :

En la ville de Troie à la fin arrivant,
Tout le peuple à la fois allait la saluant.
Les malades venaient pour jouir des miracles,
Les doctes et les sains pour ouïr ses oracles.

Les fatigues du voyage, les sollicitudes que lui cause l'affluence des malheureux qui l'accablent de leurs demandes pendant qu'on l'entoure d'hommages, ne lui font pas oublier toutefois le but de son voyage. Le blé fut acheté en assez grande quantité pour qu'on dût en charger à Arcis-sur-Aube onze grands bateaux qui redescendirent heureusement le fleuve et purent aborder de nuit dans la ville affamée. Dieu permit sans doute que la surveillance des assiégeants fût en défaut.

Quelle joie dans la malheureuse cité quand on vit arriver ces provisions! Ce précieux secours rendit aux habitants force et courage, et faisant gagner du temps, leur permit de capituler avec Mérovée à des conditions moins désavantageuses. Le conquérant avait compris que le peuple de Paris valait la peine d'être traité avec honneur et générosité.

Geneviève fut en grande vénération dans l'esprit des trois premiers chefs qui fondèrent la monarchie Française, Mérovée, Childéric et Clovis. Elle contribua grandement à la conversion de ce dernier, soutenant de ses conseils et de ses prières les pieux efforts de Clotilde à ce sujet. « Aussi Clovis, après avoir reçu la « grâce du saint baptême, la révérait et ai- « mait fort, tellement qu'en faveur d'elle, « bien souvent a donné la grâce à plusieurs « prisonniers et criminels, et pour l'affec- « tion qu'il lui portoit, a laissé libres ceux « lesquels autrement il eût fait mourir cruel- « lement. »

Des historiens prétendent que Geneviève participa à l'agrandissement et à l'unité de la France en dirigeant la valeur de Clovis. Ses conseils patriotiques l'auraient encouragé à s'armer contre les Visigoths, maîtres de l'Aquitaine, propagateurs fervents de l'arianisme, et qui travaillaient sans cesse à envahir le territoire des Francs. Geneviève, disent ces historiens, sut allumer une sainte ardeur dans le cœur de son roi, et prêcha au peuple une croisade au nom de la foi et de la patrie. « A son instigation, Clovis retarde de quelques jours son entrée en campagne pour jeter les bases d'un temple dont saint Pierre et saint Paul seront les patrons ; il s'élèvera au sommet du mont Lucotitien, plus tard montagne Sainte-Geneviève. » C'est dans ce temple que Clovis, Clotilde et Geneviève recevront un jour la sépulture.

« Après avoir ainsi attiré les bénédictions du Ciel sur la nouvelle entreprise de ses armes, il marche sur les Visigoths, soutenu par l'enthousiasme de son peuple et de ses soldats, et la victoire de Vouillé étend les limites de la France jusqu'aux Pyrénées. »

Contemporaine des hommes éminents que la Providence suscitait alors pour être les lumières du monde, Geneviève fut nécessairement en rapport avec eux. N'était-elle pas au niveau des Remy, des Agnan et de tant d'autres qui avaient contribué comme elle à l'émancipation de leur pays?... La réputation de cette vierge s'était répandue jusqu'en Orient, car nous savons qu'un disciple de saint Jean Chrysostome, apercevant un voyageur qui partait pour la France, lui disait : « Si tu t'arrêtes dans la ville des Parisiens, salue Geneviève de ma part et demande-lui pour moi une place dans ses prières. »

Geneviève vieillissait. Elle avait groupé autour d'elle nombre de filles et de veuves qui désiraient vivre en commun sous sa direction. Ce fut là un des premiers essais de communauté religieuse qui parurent en France. La maison que notre sainte occupait avec ses filles s'élevait sur un terrain englobé aujourd'hui dans les bâtiments de l'Hôtel de ville. Cette communauté de femmes tomba peu à peu en désuétude après la mort de Geneviève, mais elle fut relevée du temps de saint Louis et prit le nom de *Vieilles-Haudriettes*, d'Haudry, leur restaurateur.

Geneviève assistait à la mort de Clovis en 511. Un an ou deux après, elle terminait à son tour sa mission sur la terre, à l'âge de quatre-vingt-neuf ans selon certains historiens, et de quatre-vingt-quatorze selon d'autres, pleine de jours et de mérites. Elle fut enterrée dans la crypte de l'église Saint-Pierre-et-Saint-Paul, juste au-dessous du tombeau de Clovis. Celui de la sainte fille devint, aussitôt après sa mort, le but d'un pèlerinage très-suivi : celle à qui l'on avait eu si souvent recours pendant sa vie, était restée une amie et une protectrice pour tous après la mort. Plus tard, pour faciliter les élans de la dévotion à son égard, on mit les ossements de la sainte dans une châsse en orfévrerie faite par saint Éloi, évêque de Noyon, sous le règne de Dagobert. On plaça cette châsse derrière le maître-autel de l'église ; mais bientôt, lors de l'invasion des Normands, on craignit que cet objet précieux ne fût pas suffisamment en sûreté dans Paris, car ces nouveaux barbares s'attaquaient particulièrement aux couvents et aux églises. La châsse fut donc transportée successivement dans différents endroits, et ce ne fut qu'en 890 qu'on la réintégra dans l'église Sainte-Geneviève.

C'est de cette époque que datent les premières processions qui se firent avec la châsse et qui se renouvelèrent pendant plusieurs siècles dans toutes les calamités publiques, guerres civiles, invasions, maladies, etc. Nous donnons plus loin le récit de quelques-uns des faits miraculeux dont les traditions ont apporté le souvenir jusqu'à nous.

Pendant le règne de saint Louis, on renouvela la décoration de la châsse, qui fut enrichie de pierres précieuses. Sous Louis XIII, on la répara de nouveau, et la reine Marie de Médicis y ajouta un bouquet de diamants.

L'abbaye attenante à l'église fondée par Clovis était encore florissante au dix-huitième siècle: elle ne fut supprimée qu'en 1790. Pendant quelques années, ses bâtiments servirent aux clubs révolutionnaires. Tout ce qui reste aujourd'hui de cette abbaye dépend du collège Henri-Quatre (lycée Napoléon).

« L'église qui renfermait les restes de sainte Geneviève était trop petite pour servir de paroisse; en 1807, on ouvrit la rue Clovis sur son emplacement. »

Quinze ans auparavant, le 14 avril 1792, l'administration départementale ordonna la translation de la châsse de sainte Genevieve à Saint-Étienne du Mont. Puis, en 1793, cet objet, qui avait excité pendant si longtemps le respect et la vénération des fidèles, fut enlevé de l'église et déposé à la Monnaie, pour en retirer l'or, l'argent et les pierreries qui le décoraient. Ensuite, tout ce qu'il contenait à l'intérieur fut brûlé, la nuit, sur la place de Grève ; mais plusieurs fragments des reliques avaient été, à diverses époques de notre histoire, concédées à différentes églises, et, en 1822, Mgr de Quélen put, en s'adressant aux chefs des diocèses où ces reliques étaient conservées, recouvrer une partie des ossements précieux. C'est ainsi qu'il parvint à satisfaire la dévotion des fidèles, et à les consoler de la perte qu'avait subie la capitale.

On vénère dans l'église Sainte-Geneviève [1] plusieurs fragments des restes saints dont elle fut enrichie par les archevêques de Paris aux diverses époques de sa réouverture au culte catholique.

C'est en 1804, que la pierre de l'ancien tombeau de sainte Geneviève fut retrouvée dans la chapelle souterraine de l'abbaye par un des curés de Saint-Étienne du Mont. C'est là qu'après avoir échappé au marteau sacrilége des révolutionnaires, le vestige authentique auquel se rattachent de si grands souvenirs est précieusement conservé et reçoit encore témoignage de la confiance et du respect qui depuis des siècles s'attachent au souvenir de « Geneviève la Sainte, » patronne de Paris.

---

1. Cette église, que l'architecte Soufflot avait élevée sur le plan réduit de Saint-Pierre de Rome en l'honneur de sainte Geneviève, prit le nom de Panthéon pendant la Révolution, et servit de sépulture aux hommes illustres. Elle est aujourd'hui rendue à sa première destination.

MIRACLES.

Le Seigneur voulut dès ce monde, témoigner de ses complaisances pour son humble servante Geneviève, en lui octroyant un don glorieux, celui des miracles : ce don, qui manifeste dans le monde la puissance et la bonté de Dieu, ne constitua pas, comme nous le disons plus loin, la sainteté de Geneviève, mais il en fut la révélation et le complément. « Dieu se montre admirable dans ses saints. »

Nous ne pouvons relater ici tous les faits miraculeux qui remplirent la vie de sainte Geneviève et qui se multiplièrent encore après sa mort.

Parmi ceux dont le souvenir est particulièrement honoré, nous plaçons en première ligne la grâce qu'elle obtint en faveur de sa mère aveugle.

Géronce, bonne chrétienne d'ailleurs, puisqu'elle avait su former Geneviève à la vie de la foi, n'était cependant point impeccable. Un jour, qu'elle allait à l'église, jour de fête sans doute, elle refusa d'emmener Geneviève. Il est à croire qu'un intérêt trop humain avait dicté ce refus. Geneviève qui mettait en première ligne les besoins de l'âme et les affaires du salut, essaya de fa re comprendre à sa mère qu'on pouvait sans grave inconvénient retarder un peu les soins du ménage. Pour toute réponse, Géronce lui lança un rude soufflet.

Dieu exige de ceux qui ont reçu les enseignements de la foi d'être conséquents avec leurs principes, et en vue de leur salut il les avertit parfois sévèrement de leurs fautes. C'est ce qui eut lieu pour Géronce, frappée subitement de cécité. Quelle ne fut pas la douleur de Geneviève devant cette épreuve dont elle était la cause involontaire!... Toutefois la leçon ne fut pas perdue : cette mère, rentrant en elle-même, accepta pieusement la punition du Seigneur et souffrit sans se plaindre pendant plusieurs mois. Cependant, inspirée par Dieu sans doute, elle eut l'idée de prendre sa sainte fille comme intermédiaire pour obtenir du ciel la guérison de son infirmité. Elle dit à Geneviève de tirer de l'eau au puits de la maison et de lui laver les yeux, pendant que toutes deux prieraient avec ardeur. Dieu ne tarda pas à récompenser la foi de la mère et la piété de la fille : au moment où Geneviève, pleine d'émotion et de ferveur, mouillait de ses doigts bénis les yeux de sa mère, la vue fut rendue à Géronce.

Le puits qui fournit alors cette eau, devenue miraculeuse, est encore le but d'un intéressant pèlerinage à Nanterre.

En parlant précédemment du voyage de la sainte à Châlons, nous avons dit qu'elle sut répandre autour d'elle de nombreux bienfaits : « Un homme était devenu aveugle pour avoir par cupidité excédé ses forces en travaillant les jours de fête. La sainte, appréciant la sincérité de son repentir, pria pour lui, et obtint sa guérison. »

« Une jeune fille, atteinte depuis douze ans de la même infirmité, fut encore guérie par elle. »

« Un enfant que la fièvre tourmentait depuis dix mois recouvra la santé grâce à son intercession. »

« Enfin il devenait patent pour tous, que les prières de la vierge avaient dans leur humilité la force qui fait violence au ciel[1]. »

« Héros par le courage aussi bien que par le génie, apôtre par la charité avec le charme et la pureté de l'ange, elle parvenait sans effort du discours à la persuasion, des soins à la guérison, de la prière au miracle. Une frange, un lambeau de son vêtement circulait comme un talisman ; il n'en fallait pas davantage pour guérir une fièvre, garder d'une pensée coupable, détruire enfin l'empire du mauvais esprit. »

Citons en passant un trait qui prouve son ardent dévouement à tout bien : « Childéric redoutait les intercessions de la sainte en faveur de ceux qu'il voulait punir. Un jour, qu'il avait condamné des rebelles à passer de vie à trépas, il quitta furtivement son palais pour échapper à ce qu'il appelait les obsessions de Geneviève. Celle-ci, qui l'avait vu s'éloigner, pressait le pas pour arriver à temps, lorsque le cheval que montait le prince hennissant, chauvissant comme si une main invisible serrait la bride malgré le cavalier, s'arrêta court.

« Un premier refus ne découragea pas la chrétienne demandant grâce pour des hommes que déjà le bourreau saisissait. Elle se pendit à l'étrier du roi, qui fut forcé de retourner la tête ; les regards de la sainte étaient si suppliants, sa

1. Le récit de ces miracles est extrait des chroniques recueillies par M. Lefeuve.

douleur si poignante et son dévouement si dés-intéressé, que la clémence donna un démenti aux précautions de la sévérité. »

Il existe dans un vieil ouvrage un chapitre intitulé : « Comment madame saincte Gene-viefve passoit le karesme ; et de quelques miracles faits par icelle en la ville de Paris. »

« Sainte Geneviève, y apprenons-nous, avait coutume de passer le carême dans un redoublement d'austérité favorisé par la retraite. Elle s'imposait alors une vie de pénitence devant laquelle eût reculé une pécheresse ayant à racheter une vie d'iniquités. Le peuple ne la voyant plus, s'étonnait de sa disparution, et la calomnie avait beau jeu pour faire planer sur la sainte les soupçons les plus injurieux. La curiosité poussa une jeune fille à vouloir s'initier à ce qu'on appelait le secret de la vierge. Elle se mit en observation à la porte de la cellule, heureuse d'y découvrir quelques interstices favorables à ses investigations. Dieu vengea la sainte du doute outrageant dont elle était l'objet : la curieuse fut privée de la vue. Elle avait aperçu Geneviève agenouillée devant la croix !... Le repentir alors entra dans le cœur de l'indiscrète jeune fille, et ce fut de Geneviève même qu'elle sollicita le secours auprès de Dieu qui l'avait punie ; la sainte obtint que la cécité cessât à la fin du carême. Malgré la sévérité de sa réclusion, la vierge ne fermait pas sa porte aux misères qui venaient y frapper : elle ouvrit notamment à une malheureuse femme dont le fils, âgé de trois ans, s'était noyé ; quatre heures s'étaient écoulées avant qu'on pût le retirer de l'eau. La mère désespérée demandait à Gene-

viève la résurrection de son fils avec des pleurs
et des gémissements qui eussent attendri un
bourreau. Geneviève entra si avant dans cette
peine profonde qu'on eût cru que l'enfant avait
deux mères ! La vierge ouvrit ses bras et garda
pendant quelque temps le petit corps inanimé
enveloppé dans sa robe brune. Peu à peu l'as-
phyxie se dissipa. L'attention et l'inquiétude
avaient arrêté chez la mère les battements de
son cœur, mais elle sentit son âme tressaillir en
apercevant les signes de la vie animer de nouveau les traits de la petite créature rendue à
son amour. »

Dans un de ses voyages, Geneviève s'arrêta
quelques jours à Orléans. Elle y visita le tombeau de saint Agnan (ou Aignan), dont elle avait
appris la mort avec de bien justes regrets. Elle
était à prier dans l'oratoire où l'illustre évêque
avait été inhumé, lorsqu'une dame de la ville
vint lui confier sa peine.

« Ma fille Claude, lui dit-elle, est abandonnée.
des médecins ; je l'ai laissée sur un lit de douleur.

— Vous vous trompez, madame, dit la
vierge ; ne vous désolez plus inutilement, votre
fille Claude est sur pied. »

La mère rentrant au logis eut effectivement
le bonheur de voir sa fille lui ouvrir la porte ;
la maladie était loin.

A Laon, où sainte Geneviève se rendit pour
rencontrer Remy, évêque de Reims, la nouvelle
de son arrivée produisit une grande joie ; elle se
vit aussitôt entourée par tous les notables de
l'endroit la conjurant de guérir une jeune personne paralytique depuis neuf ans. La voyageuse

va trouver la malade, dont les membres sont inflexibles.

« Viendrais-tu avec moi louer Dieu , lui dit Geneviève, si tu étais rendue à la santé?

— Oh oui ! » répond la jeune fille, s'habillant déjà sans avoir besoin d'aide.

« Un jour on conduisit devant elle un enfant boiteux, aveugle, sourd et muet. La science avait déclaré qu'il était incurable : cependant Geneviève enduit le malade d'huile bénite, et bientôt elle n'a plus qu'à dérober sa modestie aux éloges enthousiastes de l'assistance. »

Nous ne pouvons, on le comprend, qu'effleurer ici rapidement un sujet que le nombre des documents semble rendre inépuisable ; nous citerons seulement encore quelques faits qui prouvent que le rayonnement charitable de sainte Geneviève continua de se manifester au delà du tombeau.

Dans l'histoire des reliques de la sainte [1] nous trouvons ce passage : « Parmi les actes de la puissance divine, contraires aux lois naturelles, dont ce sépulcre a été le théâtre, on doit particulièrement remarquer la guérison d'un païen endurci qui était muet de naissance. Il arriva de Poissy le douzième dimanche après la Pentecôte. Le diacre Leughtaud, les yeux sur l'Évangile, parlait ainsi: « Le Seigneur a bien fait toutes choses, il a fait entendre les sourds, parler les muets, etc.,» et le muet en effet parla pour annoncer sa conversion due à la religion de Geneviève, et le doyen nommé Optat, ne pouvant arracher cet homme du tombeau de sa bienfai-

____

1. Par M. Lefeuve.

trice, fut obligé de lui envoyer des vivres jusqu'à ce qu'on pût le baptiser. »

Un autre jour, dans le carême, c'est à un enfant aveuglé-né que les mérites de la sainte ouvraient les yeux.

Disons un dernier mot sur la cruelle épidémie dite du « mal des ardents. »

« Les malades gisaient dans les rues et les églises; celle de Notre-Dame en était tellement remplie, qu'à peine les prêtres pouvaient-ils vaquer au service divin. Étienne de Senlis, navré par le spectacle de tant de douleurs, s'en fut prier le doyen des chanoines gardiens des reliques de sainte Genevière de mettre en tiers la patronne de Paris dans les prières publiques au moyen d'une procession accompagnée des restes vénérés de la sainte. Les chanoines s'y étant prêtés avec empressement, un jour fut pris pour la cérémonie. Ce jour étant arrivé, les plus anciens des prêtres, préparés par le jeûne et par la prière, descendirent la châsse de l'autel, et elle fut portée à la cathédrale. Or, avant que la châsse eût touché le maître-autel, cent malades furent délivrés du mal affreux qui pourrissait déjà leurs bras. Il y en eut trois qui ne profitèrent pas du bénéfice miraculeux, parce qu'ils étaient impies.

« Ce miracle n'était plus un service rendu à l'infortune privée, mais un bienfait public. Le peuple, dont l'enthousiasme ne connaissait plus de bornes, se répandait en actions de grâce. Depuis cette procession célèbre qui avait lieu en 1130, il ne fut signalé dans le royaume aucun cas nouveau du feu des ardents [1]. »

1 Le souvenir de cette grâce insigne s'est spécialement

« En maintes circonstances les saintes reliques de Geneviève prouvèrent qu'elles pouvaient remédier à tous les maux, quelle qu'en fût la nature. Une confrérie, dite « des porteurs de la « châsse, » fut instituée en 1412 avec l'agrément de Charles VI, elle existait encore sous Louis XIV. On tenait à honneur d'en faire partie. La pieuse fonction de porteur de la châsse était héréditaire : Il était dit dans les règlements de cette confrérie que pour porter la châsse : « On sera tête et « pieds nus. »

On ne saurait énumérer les guérisons obtenues par l'intercession de la sainte : le souvenir de bien d'autres grâces que celles rapportées dans les chroniques fut gardé par la reconnaissance au sein des traditions de famille, et nous en avons la preuve dans la dévotion des foules qui se groupent encore autour des restes de sainte Geneviève, dans ce pèlerinage qui chaque année devient une source de bienfaits ; car on en remporte ces impressions de piété qui fortifient et consolent, si on n'obtient pas toujours le soulagement temporel que l'on cherchait. « Loin de nous la pensée d'affirmer que l'action *curatrice* de la châsse doive être absolue ! » Il ne faut jamais oublier que Dieu a le secret de l'utilité de nos maux ; l'intérêt de notre salut est le seul que sa charité pour nous consente à satisfaire.

---

conservé jusqu'à nos jours ; on célèbre chaque année la fête dite « de sainte Geneviève des Ardents », le 26 novembre.

NEUVAINE DE SAINTE-GENEVIÈVE.

PREMIER JOUR

INVOCATION. — Sainte Geneviève, daignez supplier le Seigneur de répandre sa grâce dans nos âmes, afin que nous profitions des exercices de cette neuvaine.

Sainte Geneviève s'est sanctifiée par son exacte fidélité dans l'accomplissement du devoir.

Dieu veut le salut de tous; il donne à chacun les moyens de pratiquer les vertus qu'il doit récompenser dans l'éternité. Il demande que jour à jour, heure à heure, nous accomplissions avec courage, quoi qu'il en coûte, par un motif de foi et de piété, les devoirs qui résultent de notre position; le faisons-nous?...

EXAMEN. — Se recueillir, examiner un instant l'emploi de ses journées.

RÉSOLUTION. — Fidélité aux indications journalières de la Providence.

PATER, AVE. — O Dieu! faites qu'à l'exemple de sainte Geneviève, aimant et remplissant tous nos devoirs, ils soient pour nous des moyens de salut. Ainsi soit-il.

Sainte Geneviève, priez pour nous.

DEUXIÈME JOUR

INVOCATION. — (Comme au premier jour.)
Pour connaître ses devoirs, sainte Geneviève

étudiait la religion qui les enseigne tous, et pour trouver la force de les accomplir, elle priait.

La religion, qui nous donne la science du devoir, a besoin d'être apprise avec soin. On ne saurait aimer et observer une loi qu'on ignore.

Souvent on croit la connaître suffisamment, et l'on tombe dans de graves erreurs.

EXAMEN. — Avons-nous un véritable désir de recevoir toutes les lumières de la religion?...

RÉSOLUTION. — Assister le plus souvent possible aux instructions religieuses de la paroisse; prier Dieu pour obtenir la grâce d'une sincère bonne volonté[1].

PATER, AVE. — Faites, Seigneur, que votre parole en tombant dans nos cœurs, y soit reçue comme elle l'était dans le cœur de sainte Geneviève, et produise en nous des fruits de salut!...

Sainte Geneviève, priez pour nous!

TROISIÈME JOUR

INVOCATION. — (Comme au premier jour.)

Sainte Geneviève ne put accomplir ses devoirs, qu'en s'oubliant elle-même, c'est-à-dire en renonçant souvent et généreusement à sa propre volonté.

L'abnégation personnelle est la condition nécessaire à la pratique de la véritable vertu.

EXAMEN. — Nous méfions-nous assez des impulsions secrètes de notre égoïsme et de notre

1. Les enseignements de l'Église sont admirablement gradués et s'adressent à tous les âges, comme à toutes les conditions. Chaque paroisse en particulier offre par ses œuvres variées une école de doctrine appliquée à toutes les positions de la vie.

amour-propre qui trop souvent influent sur notre conduite, et se glissent même parfois dans les actes du zèle et de la piété.

RÉSOLUTION. — Nous exercer à pratiquer l'esprit de sacrifice.

PATER, AVE. — Seigneur, éclairez nos esprits, purifiez nos cœurs, et faites-nous triompher d'un attachement déréglé à notre volonté propre.

Sainte Geneviève, priez pour nous.

QUATRIÈME JOUR

INVOCATION. — (Comme au premier jour.)

Sainte Geneviève éclairée par les lumières de l'humilité, comprenant ce qu'elle était devant Dieu, sut rester ce qu'elle devait être à l'égard du prochain.

Par l'humilité, elle fut modeste dans les succès et résignée au milieu des revers.

Soyons humbles, nous serons soumis à Dieu, doux à nos frères, établissant ainsi en nous et autour de nous le règne de la paix.

EXAMEN. — Comprenons nous bien cette parole : « Qu'avez-vous que vous n'ayez reçu ? »

RÉSOLUTION. — Savoir reconnaître nos propres défauts et excuser ceux d'autrui.

PATER, AVE. — Permettez, Seigneur, que par l'intercession de votre humble servante sainte Geneviève, nous sachions travailler efficacement à déraciner notre orgueil et à devenir doux et humbles de cœur.

Sainte Geneviève, priez pour nous.

CINQUIÈME JOUR

INVOCATION. — (Comme au premier jour.)

Sainte Geneviève marcha avec fermeté dans

les voies de la sagesse chrétienne, parce que voyant Dieu dans ses supérieurs légitimes, elle s'appuya sur le conseil et se réfugia dans l'obéissance.

Le penchant naturel à l'indépendance, nous porterait volontiers à ne prendre conseil que de nous-mêmes ; mais de tristes expériences apprennent bientôt que voyager sans guide dans un chemin inconnu, c'est s'exposer à de nouveaux périls.

EXAMEN. — Ne fuyons-nous pas le conseil? Et quand nous l'avons reçu, sommes-nous fidèles à le suivre?

RÉSOLUTION. — Ne pas oublier qu'il est écrit : « Qui aime le danger y périra. »

PATER, AVE. — Ah! Seigneur! faites-nous aimer la lumière, et ne permettez pas qu'en évitant les avertissements de la sagesse, nous tombions sous le joug des passions.

Sainte Geneviève, priez pour nous.

SIXIÈME JOUR

INVOCATION. — (Comme au premier jour.)
Sainte Geneviève resta fidèle au devoir et à la vertu en redoutant le désœuvrement de l'esprit, en n'abandonnant ni au hasard ni aux caprices l'emploi de ses journées.

On trouverait le temps de remplir ses devoirs envers Dieu, envers sa famille et envers la société, si l'on prenait l'habitude de prévoir le matin les occupations de la journée et de classer ses actions selon leur importance.

EXAMEN. — Ne perdons-nous pas un temps considérable?

Cependant chaque instant qui s'écoule peut rapporter en proportion de la manière dont on l'utilise !

RÉSOLUTION. — Se rappeler que la paix, source de bonheur, est un des résultats de l'ordre.

PATER, AVE. — O Seigneur, ne permettez pas que la légèreté ou la paresse nous fassent perdre les précieuses occasions de mérites qui pourraient enrichir chacun de nos instants.

Sainte Geneviève, priez pour nous.

SEPTIÈME JOUR

INVOCATION. — (Comme au premier jour.)

Sainte Geneviève en aimant son Dieu, sut aimer son prochain comme elle-même, et plus qu'elle-même, puisqu'elle poussa le dévouement de la charité jusqu'à l'héroïsme.

Il n'est aucune condition, où la charité du cœur ne puisse s'exercer au profit du prochain. Le pauvre, aussi bien que le riche, peut trouver dans les trésors du zèle chrétien des moyens de soulagement et de consolation pour ses semblables.

EXAMEN. — Ne trouvons-nous pas mille prétextes pour nous soustraire à l'exercice obligatoire de la charité en restreignant nos efforts à ce qui nous intéresse personnellement?

RÉSOLUTION. — Pratiquer la charité par tous les moyens qui sont en notre pouvoir.

PATER, AVE. — O Dieu! faites qu'à l'exemple de sainte Geneviève, toujours attentifs aux besoins de nos frères, nous sachions comme elle triompher de toutes les difficultés pour venir en aide à la souffrance.

Sainte Geneviève, priez pour nous.

HUITIÈME JOUR

INVOCATION. — (Comme au premier jour.)

Sainte Geneviève, en méditant souvent la passion de Notre-Seigneur Jésus-Christ, apprit à rester forte et courageuse devant les grandes épreuves, silencieuse et patiente en présence des contrariétés journalières.

On entend dire fréquemment. « Qu'ai-je fait à Dieu pour qu'il me laisse tant souffrir ? » En nous laissant souffrir sur la terre, Jésus-Christ nous associe à l'œuvre généreuse qu'il a lui-même accomplie, la Rédemption du monde. Nous profiterons d'autant plus des grâces de cette miséricordieuse rédemption, que nous nous unirons davantage aux mérites du divin Sauveur, en acceptant sans résistance, les souffrances qui résultent de l'imperfection humaine, et souvent de nos torts personnels.

EXAMEN. — N'avons-nous jamais scandalisé le prochain par l'expression de nos révoltes ou de nos découragements ?

RÉSOLUTION. — Nous étudier à savoir souffrir sans murmure.

PATER, AVE. — O Dieu ! qui avez promis de récompenser la souffrance supportée avec résignation, faites qu'en nous appuyant sur l'exemple de sainte Geneviève, nous ne doutions jamais de votre bonté et que nous restions toujours soumis aux dispositions mystérieuses de votre providence.

Sainte Geneviève, priez pour nous.

NEUVIÈME JOUR

INVOCATION. — (Comme au premier jour.)

Sainte Geneviève pleine de foi, d'espérance et

de charité, soutenue par la prière et la réception fréquente des sacrements, continuellement soumise aux volontés du Seigneur, possédait la joie chrétienne dont la douceur et le charme se reflétaient sur ses traits. Le don des miracles ne constitua pas sa sainteté; il en fut la manifestation.

Tous, nous sommes appelés par Dieu à un certain degré de perfection que nous devons nous efforcer d'atteindre, si nous voulons goûter sur la terre la joie véritable et attendre avec confiance les récompenses de la vie future.

EXAMEN. — Ne sommes-nous pas trop indifférents sur nos progrès dans le bien?

RÉSOLUTION. — Ne disons jamais pour excuser nos imperfections : « Je ne suis pas un saint, » « Je ne suis pas une sainte. » Cette parole sous l'apparence de l'humilité, révèle l'absence de la légitime et généreuse ambition à laquelle Jésus-Christ lui-même nous invite quand il nous dit : « Soyez parfaits comme votre Père céleste est parfait. »

PATER, AVE. — O Seigneur! faites que regardant sans cesse le but vers lequel nous devons tendre, nous gravissions avec courage les degrés de la sanctification soutenus par les secours divins que votre miséricorde prodigue aux âmes de bonne volonté.

Sainte Geneviève, priez pour nous.

LITANIES DE SAINTE GENEVIÈVE.

Seigneur, ayez pitié de nous.	Kyrie, eleison.
Christ, ayez pitié de nous.	Christe, eleison.
Seigneur, ayez pitié de nous.	Kyrie, eleison.
Père céleste, qui êtes Dieu	Pater de cœlis, Deus,
Fils, rédempteur du monde, qui êtes Dieu	Fili, redemptor mundi, Deus
Esprit Saint, qui êtes Dieu	Spiritus Sancte, Deus
Trinité sainte, qui êtes un seul Dieu	Sancta Trinitas, unus Deus
Sainte Marie, vierge, mère de Dieu	Sancta Maria, virgo, Dei genitrix
Sainte Geneviève, si agréable à Dieu le Père	Sancta Genovefa, Patri acceptissima
— Si aimée de Jésus-Christ.	— Christo gratissima
— Si chérie du Saint-Esprit.	— Spiritui dilectissima
— Les délices de Marie	— Mariæ dulcissima
— Modèle d'oraison	— Orationi addictissima
— Modèle d'austérité	— Austeritate severa
— Modèle de pureté	— Puritate mundissima
— Modèle de piété filiale	— Erga parentes piissima
— Modèle de résignation dans les calomnies	— Calumniis impetita
— Modèle de patience dans les injures	— Variis virtutibus adornata
— Modèle de toutes les vertus	— Injuriarum patientissima
— Terreur des Huns	— Hunno terribilis
— Secours de la ville assiégée	— Urbis obsessæ præsidium
— Secours dans la famine	— Urbis in fame nutrix
— Secours dans la peste	— Urbis in peste medela
— Protectrice des moissons contre la chaleur	— Segetis ab æstu umbraculum
— Protectrice contre la pluie	— Nimio ab imbre tutela

Colonne de gauche, accolade centrale : *Ayez pitié de nous.* puis *Priez pour nous.*
Colonne de droite, accolade : *Miserere nobis.* puis *Ora pro nobis.*

— Protectrice contre la tempête et les inondations, priez pour nous.
— Protectrice dans l'adversité, priez pour nous.
— Bonheur nouveau dans la prospérité, priez pour nous.
— Notre patronne toute spéciale, priez pour nous.
— Patronne de Paris et de la France, priez pour nous.
Agneau de Dieu, qui effacez les péchés du monde, soyez-nous favorable, Seigneur.
Agneau de Dieu, qui effacez les les péchés du monde, exaucez-nous, Seigneur.
Agneau de Dieu, qui effacez les péchés du monde, ayez pitié de nous, Seigneur.
Christ, écoutez-nous.
Christ, exaucez-nous.
℣. Seigneur, vous vous êtes déclaré mon protecteur.
℟. Soyez béni pour l'appui que vous m'avez donné.

— In tempestate et undis receptaculum, ora pro nobis,
— Promptum in adversis auxilium, ora pro nobis.
— Lætum secundis in rebus incrementum, ora pro nobis.
— Patrona nostra singularis, ora pro nobis.
— Urbis et Galliæ patrona, ora pro nobis.
Agnus Dei, qui tollis peccata mundi, parce nobis, Domine.
Agnus Dei, qui tollis peccata mundi, exaudi nos, Domine.
Agnus Dei, qui tollis peccata mundi, miserere nobis.
Christe, audi nos.
Chiste, exaudi nos.
℣. Factus es susceptor meus, Domine.
℟. Adjutor meus, tibi psallam [1].

PRIONS.

O Dieu, qui avez conduit dès son enfance la bienheureuse vierge Geneviève par les sentiers de la justice, et qui, pour les besoins de votre peuple, lui avez accordé la gloire des miracles, conduisez-nous dans les sentiers de vos commandements, afin que, par son intercession, pourvus des dons nécessaires à la vie temporelle, nous désirions de tout notre cœur les biens éternels. Par Jésus-Christ Notre-Seigneur.
— Ainsi soit-il.

OREMUS.

Deus, qui beatam virginem Genovefam ab infantia deduxisti per vias rectas, et eam miraculorum gratia, ad plebis tuæ præsidium decorasti, deduc nos in semitam mandatorum tuorum, ut auxiliis temporalibus, ipsa intercedente, non destituti, bona æterna toto corde concupiscamus. Per Christum Dominum nostrum.
— Amen.

1. Ps. LVIII, 18.

OFFICE DE SAINTE GENEVIÈVE.

A LA PROCESSION.

℞ Elle fit ce qui était agréable à Dieu ;* Elle marcha courageusement dans la voie que lui avait recommandée un grand Prophète, qui a été fidèle aux yeux du Seigneur. ℣. Le Seigneur lui ouvrit le cœur pour entendre avec soumission ce qu'il lui disait. * Elle marcha. Gloire. * Elle marcha.

℞ Fecit quod placuit Deo ; * Et † Fortiter ivit in via quam mandavit illi Propheta magnus et fidelis in conspectu Dei. ℣. Dominus aperuit cor ejus intendere his quæ dicebantur. * Et Fortiter. Gloria. † Fortiter. *Eccli. 48. Act. 16.*

℣. Mon âme se tient fortement attachée à vous, Seigneur.

℣. Adhæsit anima mea post te.

℞. Et votre droite me soutient.

℞. Me suscepit dextera tua, Domine. *Ps. 62.*

ORAISON.

Daignez, Seigneur, regarder d'un œil favorable votre peuple, afin que, comme il ne cesse de louer vos merveilles dans sainte Geneviève, il obtienne de jouir, par son intercession, de la continuelle abondance de vos dons ; Par J. C. N. S.

Respice, quæsumus, Domine, plebem tuam, ut quæ in sancta virgine Genovefa te mirabilem prædicare non desinit, perpetua donorum tuorum largitate, ipsa intercedente, potiatur ; Per Christum.

A LA MESSE.

INTROÏT. *Ps. 72.*

Vous m'avez tenue, Seigneur, par la main droite ; vous m'avez conduite selon votre

Tenuisti manum dexteram meam, Domine, et in voluntate tua deduxisti me ; et

volonté, et vous m'avez comblée de gloire, ô Dieu. qui êtes le Dieu de mon cœur et mon partage dans l'éternité* *Ps.* Que Dieu est bon à Israël, à ceux qui ont le cœur droit ! Gloire. Vous m'avez tenue.

cum gloria suscepisti me, Deus cordis mei et pars mea Deus in æternum. *Ps.* Quam bonus Israël Deus, * his qui recto sunt corde ! Gloria. Tenuisti.

COLLECTE.

O Dieu qui avez conduit sainte Geneviève dès son enfance par les sentiers de la justice, et qui, pour les besoins de votre peuple, lui avez donné la gloire des miracles ; conduisez-nous dans les sentiers de vos commandements, afin que, par son intercession, aidés des secours temporels, nous désirions de tout notre cœur les biens éternels ; Par J.-C. votre Fils notre Seigneur.

Deus, qui beatam virginem Genovefam ab infantia deduxisti per vias rectas, et eam miraculorum gloria, ad plebis tuæ præsidium, decorasti; deduc nos in semitam mandatorum tuorum, ut auxiliis temporalibus, ipsa intercedente, non destituti, bona æterna toto corde concupiscamus; Per Dominum.

Si la fête est le dimanche, on en fait mémoire par l'Oraison ; de même à la Secrète et à la Postcommunion.

ÉPÎTRE.

Lecture du livre de l'Ecclésiastique.

De son temps, Sennachérib vint et étendit la main contre Sion, et sa puissance le remplit d'orgueil. Alors la frayeur leur saisit le cœur et les mains, ils furent agités comme une femme qui est dans les douleurs de l'enfantement. Ils invoquèrent le Seigneur plein de miséricorde, ils étendirent leurs mains et les élevèrent au ciel ; et le Saint, le Seigneur notre Dieu écouta bientôt leur voix. Il ne se souvint point de leurs péchés et ne les livra point à leurs ennemis.

Lectio libri Ecclesiastici. *Cap.* 48.

In diebus ipsius, ascendit Sennacherib, et extulit manum suam in Sion, et superbus factus est potentia sua. Tunc mota sunt corda et manus ipsorum, et doluerunt quasi parturientes mulieres. Et invocaverunt Dominum misericordem ; et expandentes manus suas, extulerunt ad cœlum, et Sanctus Dominus Deus audivit cito vocem ipsorum : non est commemoratus peccatorum iliorum, neque dedit illos inimicis suis.

GRADUEL, *Esther*, 14.

Elle priait le Seigneur, en disant : Seigneur, assistez-moi dans l'abandon où je suis, puisque vous êtes le seul qui me puissiez secourir. ℣. Elle cria au Seigneur, et le Seigneur sauva son peuple, et le délivra de tous ses maux.

Deprecabatur Deum, dicens : Domine, adjuva me solitariam, et cujus præter te nullus est auxiliator alius. ℣. Clamavit ad Dominum, et salvum fecit Dominus populum suum liberavitque ab omnibus malis. *Esther*, 10.

Alleluia, Alleluia.

℣. On a rendu témoignage à ses bonnes œuvres ; elle a secouru les affligés ; elle s'est appliquée à toutes sortes d'exercices de piété. Alleluia.

℣. In operibus bonis testimonium habens, tribulationem patientibus subministravit ; omne opus bonum subsecuta est. Alleluia. 1 *Tim.* 5.

PROSE.

O Geneviève ! vous êtes la gloire de notre patrie, l'espérance et le salut de la France, l'objet de la tendresse de J.-C. votre époux.

Virgo decus patriæ,
Spes salusque Galliæ,
Cara sponso Virgini.

Guidé par une lumière divine et une inspiration prophétique, Germain vous consacre à votre Dieu.

Dei ductus lumine,
Germanus ex omine
Te consecrat Numini.

Tandis que vous n'êtes occupée qu'à attirer les faveurs de Dieu sur votre peuple, l'envie distille sur vous son poison.

Plebi dum placas Deum,
In te virus impium
Livor edax explicat.

Mais le saint Pontife repousse la calomnie et venge votre innocence en vous envoyant des eulogies (qui sont un signe de communion).

Depulsis calumniis,
Missis et eulogiis,
Pontifex te vindicat.

Qu'un conquérant barbare fasse entendre ses hurlements, qu'il vole vers Paris ; vous rendez sa fureur impuissante.

Hunnus ferox ululet,
Parisios advolet ;
Mox repellis furias.

Que la famine exerce ses ravages, qu'un feu brûlant dé-

Fame cives pereant,
Tabe carnes ardeant ;

vore ses malheureuses victimes : vous arrêtez tous ces fléaux.

Vous commandez ! et le muet parle, le sourd entend, l'aveugle voit, le boiteux marche.

La mort elle-même reconnaît votre empire ; et le démon, frémissant de rage, sort du corps des possédés.

Si une chaleur excessive brûle nos campagnes, si des pluies trop abondantes les inondent, aussitôt vous portez le secours nécessaire.

Que par vous la charité règne dans nos cœurs; que nous jouissions en cette vie de la santé du corps, et dans le ciel des joies éternelles. Amen.

Clades sistis noxias.

Mutus voces elicit,
Surdus audit, aspicit
Cæcus, claudus ambulat.

Mors tuis et nutibus
Subditur, corporibus
Fremens dæmon exulat.

Æstus agros torreat,
Imbre tellus madeat,
Præsens fers auxilium.

Per te menti charitas,
Corpori sit sanitas ;
Sit perenne gaudium.
Amen.

ÉVANGILE.

Suite du saint Évangile selon saint Matthieu.

En ce temps-là, Jésus dit à ses disciples cette parabole : Le royaume des cieux sera semblable à dix vierges, qui ayant pris leurs lampes, s'en allèrent au-devant de l'époux et de l'épouse. Il y en avait cinq d'entre elles qui étaient folles et cinq qui étaient sages. Mais les cinq folles, ayant pris leurs lampes, ne prirent point d'huile avec elles ; les sages, au contraire, prirent de l'huile dans leurs vases avec leurs lampes. Or comme l'époux tardait à venir, elles s'assoupirent toutes et s'endormirent. Mais, sur le minuit, on entendit un grand cri : Voici l'époux qui vient,

Sequentia sancti Evangelii secundum Matthæum. *Cap.* 25.

In illo tempore, dixit Jesus discipulis suis parabolam hanc: Simile erit regnum cœlorum decem virginibus ; quæ, accipientes lampadas suas, exierunt obviam sponso et sponsæ. Quinque autem ex eis erant fatuæ, et quinque prudentes. Sed quinque fatuæ, acceptis lampadibus, non sumpserunt oleum secum ; prudentes vero acceperunt oleum in vasis suis cum lampadibus. Moram autem faciente sponso, dormitaverunt omnes et dormierunt. Media autem nocte clamor factus est : Ecce sponsus venit, exite obviam ei. Tunc surrexerunt omnes virgines illæ, et

allez au-devant de lui. Aussitôt toutes ces vierges se levèrent et préparèrent leurs lampes. Mais les folles dirent aux sages : Donnez nous de votre huile, parce que nos lampes s'éteignent. Les sages leur répondirent : De peur que ce que nous en avons ne suffise pas pour vous et pour nous, allez plutôt à ceux qui en vendent, et achetez-en pour vous. Mais, pendant qu'elles allaient en acheter, l'époux arriva, et celles qui étaient prêtes entrèrent avec lui dans la salle des noces, et la porte fut fermée. Enfin les autres vierges vinrent aussi, et dirent : Seigneur, Seigneur, ouvrez-nous. Mais il leur répondit : Je vous le dis en vérité, je ne vous connais point. Veillez donc, parce que vous ne savez ni le jour ni l'heure.

ornaverunt lampades suas. Fatuæ autem sapientibus dixerunt : Date nobis de oleo vestro, quia lampades nostræ extinguuntur. Responderunt prudentes, dicentes : Ne forte non sufficiat nobis et vobis, ite potius ad vendentes, et emite vobis. Dum autem irent emere, venit sponsus : et quæ paratæ erant, intraverunt cum eo ad nuptias, et clausa est janua. Novissime vero veniunt et reliquæ virgines, dicentes : Domine, Domine, aperi nobis. At ille respondens ait : Amen dico vobis, nescio vos. Vigilate itaque, quia nescitis diem neque horam.

OFFERTOIRE.

Les noces de l'Agneau sont venues, et son épouse s'y est préparée. Heureux ceux qui ont été appelés au banquet des noces de l'Agneau !

Venerunt nuptiæ Agni, et uxor ejus præparavit se. Beati qui ad cœnam nuptiarum Agni vocati sunt ! *Apoc.* 19.

SECRÈTE.

O Dieu, qui êtes la récompense infiniment grande des vierges, que sainte Geneviève a choisi pour unique époux : recevez, par ses prières, le sacrifice que nous offrons à votre majesté : afin qu'en annonçant la mort que votre Fils a soufferte dans son état d'infirmité, nous nous préparions à la gloire qu'il doit manifester en paraissant dans l'éclat de sa puissance; Par le même J.-C.

Deus, virginum merces magnanimis, cui soli elegit adhærere beata Genovefa ; ad preces ejus, suscipe quod majestati tuæ offerimus sacrificium : ut qui Filii tui mortem, quam in humilitate passus est, annuntiamus, gloriæ quam in virtute veniens manifestaturus est præparemur ; Per eumdem.

Préface.

Il est véritablement juste et raisonnable, il est équitable et salutaire de vous rendre grâce en tout temps et en tout lieu, Seigneur très-saint, Père tout-puissant, Dieu éternel, qui êtes glorifié dans l'assemblée des Saints et qui en couronnant leurs mérites, couronnez vos dons : qui nous donnez dans la vie sainte qu'ils ont menée, des modèles que nous avons à suivre ; dans la communion avec eux, une association qui tourne à notre avantage ; dans leur intercession pour nous, des protecteurs sensibles à nos besoins ; afin qu'étant environnés d'une si grande foule de témoins, nous courions par la patience dans la carrière qui nous est ouverte, et que nous recevions avec eux cette couronne de gloire, qui ne se flétrit point, et que nous attendons par Jésus-Christ notre Seigneur, dont le sang nous donne entrée au royaume éternel. C'est par le même Jésus-Christ que les Anges adorent en tremblant votre majesté suprême, et que tous les chœurs des Esprits célestes célèbrent vos louanges dans les transports d'une sainte joie. Faites que nous unissions nos voix à celles de ces Esprits bienheureux, pour chanter avec eux : Saint.

Vere dignum et justum est, æquum et salutare, nos tibi semper et ubique gratias agere, Domine sancte, Pater omnipotens, æterne Deus ; qui glorificaris in concilio Sanctorum ; et eorum coronando merita, coronas dona tua : qui nobis in eorum præbes et conversatione exemplum, et communione consortium, et intercessione subsidium ; ut, tantam habentes impositam nubem testium, per patientiam curramus ad propositum nobis certamen, et cum eis percipiamus immarcessibilem gloriæ coronam ; per Jesum Christum Dominum nostrum, cujus sanguine ministratur nobis introitus in æternum regnum : per quem majestatem tuam trementes adorant Angeli, et omnes Spirituum cœlestium chori socia exultatione concelebrant. Cum quibus et nostras voces ut admitti jubeas deprecamur, supplici confessione dicentes Sanctus.

Communion.

Mon cœur a tressailli d'allégresse dans le Seigneur, et mon Dieu m'a comblée de

Exultavit cor meum in Domino, et exaltatum est cornu meum in Deo meo : dilatatum

gloire : ma bouche s'est ouverte, parce que j'ai mis ma joie dans le salut que j'ai reçu de vous; nul n'est saint comme l'est le Seigneur.

est os meum, quia lætata sum in salutari tuo : non est sanctus ut est Dominus. 1 *Reg.* 2.

POSTCOMMUNION.

Répandez, Seigneur, dans l'âme de vos serviteurs, qui participent au banquet céleste, cette joie divine que sainte Geneviève n'a jamais cherchée qu'en vous, qu'elle y a trouvée et qu'elle communiquait aux autres: afin ue, vous prenant comme elle pour notre partage, nous mettions toutes nos délices dans cette nourriture céleste : Par N. S.

Famulis tuis cœlesti mensæ participantibus, Domine, salutarem lætitiæ sensum inspira, quem in te solo bonorum omnium fonte, quæsitum semper et repertum diffundebat virgo Genovefa : ut tibi pariter adhærentes, superno cibo unice delectemur : Per Dominum.

AUX SECONDES VÊPRES.

Ps. 109. Dixit Dominus. *Dimanche, à Vêpres.*

Ant. Elle a vécu jusqu'à quatre-vingt-quatre ans, servant Dieu jour et nuit, dans les jeûnes et les prières; elle louait le Seigneur, et parlait de lui à tous.

Ant. 6. F. Hæc usque ad annos octoginta quatuor, jejuniis et obsecrationibus serviens nocte ac die, confitebatur Domino, et loquebatur de illo omnibus. *Luc.* 2.

Ps. 112. Laudate, pueri. *Dimanche, à Vêpres.*

Ant. Elle était très-estimée de tout le monde, parce qu'elle avait une grande crainte du Seigneur.

Ant. 2. D. Erat in omnibus famosissima, quoniam timebat Dominum valde. *Judith*, 8.

Ps. 120. Levavi oculos. *Lundi, à Vêpres.*

Ant. Ayant toujours craint Dieu dès son enfance, et ayant gardé ses commandements, elle demeura ferme et immobile dans la crainte du Seigneur, rendant grâces à Dieu tous les jours de sa vie.

Ant. 3. E. Cum ab infantia sua semper Deum timuerit, et mandata ejus custodierit, immobilis in Dei timore permansit, agens gratias Deo omnibus diebus. *Tob.* 2.

Ps. 122. Ad te levavi. *Mercredi, à Vêpres.*

Ant. Elle mourut et fut ensevelie; tout le peuple la pleura, et, plusieurs années après sa mort, il ne se trouva personne qui troublât Israël.

Ant. 4. E. Defuncta est ac sepulta, luxitque illam omnis populus; non fuit qui perturbaret Israel post mortem ejus annis multis. *Judith,* 16.

Ps. 137. Confitebor tibi.... quoniam. *Jeudi, à Vêpres.*

Ant. Sa mémoire est immortelle, et elle est en honneur devant Dieu et devant les hommes; elle triomphe et est couronnée pour jamais.

Ant. 5. C. Immortalis est memoria illius, quoniam et apud Deum nota est et apud homines : in perpetuum coronata triumphat. *Sap.* 4.

CAPITULE. *Judith,* 13.

Béni soit le Seigneur qui a créé le ciel et la terre; car il a rendu votre nom si célèbre, que les hommes, se souvenant éternellement de la puissance du Seigneur, ne cesseront jamais de vous louer.

Benedictus Dominus, qui creavit cœlum et terram, quia nomen tuum ita magnificavit, ut non recedat laus tua de ore hominum, qui memores fuerint virtutis Domini in æternum.

HYMNE.

Unissez-vous, Esprits célestes, à la gloire d'une vierge dont la naissance fut pour vous un sujet de joie; Geneviève monte aujourd'hui triomphante dans le royaume destiné aux épouses fidèles du Roi des rois.

Cœlo receptam plaudite,
   Cœlites :
Quæ vestras nascens gaudia
   fecerat,
Sponsæ fideli destinatum
Intrat ovans Genovefa regnum.

Pendant que votre âme jouit de Dieu dans le sein du souverain bonheur, illustre Geneviève, la terre conserve vos précieuses dépouilles. Vous ne nous quittez pas tout entière; nous ressentons les effets de la vertu que Dieu communique à vos ossements et à vos cendres.

Dum mens adepto perfruitur Deo,
Tellus verendas exuvias habet :
Non tota discedis, superstes
Ossibus est cinerique virtus.

Autant de fois que les peuples vous invoquent, aussitôt toutes les calamités prennent la fuite. Tous ressentent le pouvoir que vous avez d'écarter les maladies et de donner des lois à la mort.

Le Français réclame votre secours : soit que la sécheresse ou la pluie désole les campagnes, il tend les bras vers vous, plein de confiance au pouvoir que Dieu vous a donné sur les éléments.

Du haut du trône où vous êtes élevée, vous voyez le grand Clovis, prosterné à vos pieds, vous implorer comme l'appui et le soutien de la France.

Hélas ! Seigneur, de quels maux et de quelles tempêtes ne sommes-nous pas environnés ! que d'ennemis cruels nous dressent des embûches ! Faites que notre âme demeure pure et sans tache devant vous, et que notre corps soit victorieux de tous les périls.

Gloire infinie au Père, gloire infinie au Fils, gloire infinie au Saint-Esprit, qui fait triompher l'illustre Geneviève et la rend célèbre par une multitude de prodiges.

Amen.

℣. Tous mes os diront :
℟. Seigneur, qui est semblable à vous ?

Procul malorum jussa fugit cohors,
Utcumque votis te populi colunt,
Arcere morbos efficacem,
Atque truci dare jura letho.

Te civis ambit, seu calamo seges
Arente languet, seu madido natat ;
Et imbris et solis potentem
Supplicibus veneratur ulnis.

Sublimis arca, cernis ut ad tuos
Sternit recumbens se Clodoix pedes ;
Tuumque, Francis, Diva, poscit
Præsidium columenque rebus.

Heu ! quot procellis cingimur, o Deus !
Diri quot hostes insidias parant !
Da corpus invictum periclis,
Da niveam sine labe mentem.

Laus summa Patri, summaque Filio :
Tibique compar gloria, Spiritus,
Per quem triumphatrix refulget
Magnificis Genovefa signis.
Amen.

℣. Omnia ossa mea dicent :
℟. Domine, quis similis tibi ?
Ps. 34.

A Magnificat.

Ant. Ayez égard, ô Seigneur Dieu, à ses prières :

Ant. 7. G. Respice ad preces ejus, Domine Deus : audi

écoutez celles qu'elle vous fait d'exaucer les supplications de votre peuple d'Israël et de lui accorder tout ce qu'il vous demandera dans ce lieu.

orationem quam orat coram te, ut exaudias deprecationem populi tui Israël, quodcumque oraverint in loco isto. *3 Reg.* 8.

Collecte de la Messe.

S'il est samedi ou dimanche, on en fait mémoire.

A COMPLIES.

Ant. Je suis à mon bien-aimé, et son cœur se tourne vers moi.

Ant. 2. A. Ego dilecto meo et ad me conversio ejus. *Cant.* 7.

A Nunc dimittis.

Ant. J'entends la voix de mon bien-aimé qui frappe : Ouvrez-moi, ma sœur, vous qui êtes mon épouse sans tache.

Ant. 3. E. Vox dilecti mei pulsantis : Aperi mihi, soror mea, immaculata mea. *Cant.* 5.

AU SALUT.

Après le ℞ *Fecit.*

℣. Recevez favorablement notre très-humble supplication : ℞. Et priez pour nous le Seigneur Dieu.

℣. Cadat oratio nostra in conspectu tuo : ℞ Et ora pro nobis ad Dominum Deum. *Jerem.* 42.

ORAISON.

Le jour étant déjà sur son déclin, nous vous supplions très-humblement, Seigneur, afin d'obtenir qu'au milieu de la nuit épaisse de ce siècle, nous ne manquions point de l'huile de la charité dont sainte Geneviève, votre vierge prudente, a constamment fait briller sa lampe : Par J.-C. N. S.

Inclinatâ jam die, te supplices, Domine, deprecamur ne in caliginosa hujus seculi nocte desit nobis oleum charitatis, quo prudentis virginis Genovefæ lampas semper et ubique tibi resplenduit; Per Christum.

PENDANT L'OCTAVE.

Après la Grand'Messe, on va processionnellement à la chapelle du Tombeau, en chantant :

HYMNE.

Vierge sainte, qui protégez la nation française, quelle vertu, quelle puissance ne reçûtes-vous pas du ciel ! Vous êtes devenue illustre par d'éclatants prodiges, lors même que vous habitiez sur la terre.

Vous commandez ! et l'aveugle voit avec transport le boiteux qui marche d'un pas ferme, et le muet est étonné de parler au sourd qui l'entend.

Une tendre mère pleurait un fils que la mort venait de lui enlever : vous étendez la main sur son cadavre, aussitôt l'enfant ressuscité se jette au cou de sa mère.

Bientôt le bruit de votre nom, porté sur les ailes de la renommée, vole d'une extrémité du monde à l'autre ; Siméon, du haut de sa colonne, applaudit à votre gloire, et l'univers entier y joint son suffrage.

Une famine cruelle, jointe, hélas ! à une guerre malheureusement trop longue, ravage Paris. Sainte Patronne, l'abandonnerez-vous ? Le citoyen qui va périr vous demande des aliments.

Pleine de courage, vous passez à travers les bataillons ennemis : un fleuve impétueux ne vous effraye pas ; et vous

Gallicæ custos, Genovefa, gentis,
Quæ tibi virtus data ! quæ potestas !
Signa te Francis decorant morantem
Splendida terris.

Imperas ! lætum pede cernit æquo
Cæcus exultans properare claudum :
Mutus et surdo stupet audienti
Promere voces.

Morte præreptum genitrix puellum
Flebat : exsanguem tua dextra tangit ;
Redditur luci ; ruit in parentis
Oscula natus.

Crescit hinc nomen, vehiturque curru
Fama veloci geminos ad axes
Plaudit ex alto Simeon ; Stylitæ
Accinit orbis.

Heu ! nimis longo sociata bello
En fames ægram populatur urbem.
Divina, quid cessas ? Periturus orat
Pabula civis.

Is per hostiles animosa turmas,
Nec procellosum trepidas ad amnem,

mettant à la tête des plus hardis, vous apportez à des citoyens affamés des aliments longtemps désirés.

C'est par vous que le grand Clovis, brisant les statues de ses fausses divinités, consacre des temples à J.-C.; que, foulant aux pieds Jupiter adoré jusqu'alors, il soumet la France au Dieu véritable.

O Dieu! qui savez amollir et soumettre le cœur des rois, rendez-nous dociles à vos commandements, pour nous transporter dans les tabernacles éternels où règne la vierge que nous honorons.

Amen.

Virgo dux facti, revehisque dulces
Civibus escas.

Subruit per te simulacra divum,
Ponit et Christo Clodoveus aras;
Jamque calcato Jove, subdit alto
Sceptra Tonanti.
Corda qui mulces subigisque regum,
O Deus! nostras tibi subde mentes:
Nos et æternas, ubi virgo regnat,
Transfer ad arces.

Amen.

℣ *et Oraison de la procession.*

En retournant au chœur on chante:

Psaume 147.

Jérusalem, loue le Seigneur; Sion, loue ton Dieu:

Car il a mis de fortes barrières à tes portes; il a béni tes enfants au milieu de toi;

Il a établi la paix sur tes frontières; il te rassasie du plus pur froment;

Il envoie ses ordres à la terre, et ils sont portés partout avec diligence;

Il fait tomber la neige sur la terre, comme des flocons de laine; il y répand le brouillard comme la cendre;

Il la couvre aussi de glace, comme de plusieurs morceaux de cristal: qui peut alors soutenir la rigueur du froid qu'il envoie?

Lauda, Jerusalem, Dominum; * lauda Deum tuum, Sion:

Quoniam confortavit seras portarum tuarum; * benedixit filiis tuis in te;

Qui posuit fines tuos pacem; * et adipe frumenti satiat te;

Qui emittit eloquium suum terræ, * velociter currit sermo ejus;

Qui dat nivem sicut lanam, * nebulam sicut cinerem spargit;

Mittit crystallum suam sicut buccellas: * ante faciem frigoris ejus quis sustinebit?

il commande, et la glace se fond : il envoie les eaux du midi, et les eaux coulent.

Il manifeste sa parole à Jacob, ses lois et ses ordonnances à Israël.

Il n'a point fait la même grâce à toutes les nations, et il ne les a pas instruites de ses commandements.

Ant. Vous êtes bénie de votre Dieu dans toute la maison de Jacob, parce que le Dieu d'Israël sera pour jamais glorifié en vous parmi tous les peuples qui entendront parler de votre nom.

Emittet verbum suum, et liquefaciet ea : * flabit spiritus ejus, et fluent aquæ.

Qui annuntiat verbum suum Jacob, * justitias et judicia sua Israël.

Non fecit taliter omni nationi, * et judicia sua non manifestavit eis.

Ant. Benedicta tu a Deo tuo in omni tabernaculo Jacob, quoniam in omni gente, quæ audierit nomen tuum, magnificabitur super te Deus Israël. *Judith*, 13.

La procession étant rentrée au chœur.

ORAISON.

Seigneur, que la fête de sainte Geneviève, dont nous réitérons la solennité, soit utile à vos serviteurs, et faites que, ne nous contentant pas de louer cette vierge prudente, sans l'imiter, nous allions, avec des lampes pleines de l'huile des bonnes œuvres au-devant de J.-C. N. S. Qui étant Dieu.

Prosit famulis tuis, Domine, repetita beatæ Genovefæ solemnitas, ut prudentis illius virginis laudatores non otiosi, cum lucernis bonorum operum oleo semper ardentibus prooedamus obviam Domino nostro Jesu Christo ; Qui tecum vivit et regnat in unitate.

Ensuite la Bénédiction du Très Saint-Sacrement.

CHANT NATIONAL

en l'honneur de Sainte Geneviève, Patronne de Paris

DÉDIÉ AUX SOCIÉTÉS CHORALES DE FRANCE

I

A notre beau pays de France
Une Vierge a porté bonheur;
Aux jours de triste souvenance
On la vit sauver notre honneur :
C'est Geneviève la bergère,
Que chacun invoque à genoux ;
Car elle reste messagère
Des bienfaits de Dieu parmi nous.

CHŒUR

Honneur à toi, modeste femme !
Si chère encore au souvenir,
Que des cieux ta brillante flamme
Eclaire au loin notre avenir.

II

La richesse et l'humble indigence
Se rencontrent à son tombeau,
Pour y trouver une espérance
Pour y déposer un fardeau :
A tous la fille de Nanterre
Sait répondre par des bienfaits,
Et, comme autrefois, la misère
Peut lui confier ses secrets.

CHŒUR

Honneur à toi, etc.

III

Jadis lorsque la barbarie
Voulut nous imposer sa loi,
Son zèle enrichit sa patrie
Du trésor divin de la foi :
A défaut d'armes meurtrières
Pour nous défendre d'Attila,
La Vierge se mit en prières
Et le conquérant recula !

CHŒUR

Honneur à toi, etc.

IV

Cerné dans les murs de Lutèce,
Un peuple entier mourant de faim,
Vit accourir dans sa détresse,
Geneviève apportant du pain !
Ne la voyons-nous pas encore
Sécher nos larmes chaque jour ?...
Aujourd'hui quand Paris l'honore
A-t-il moins droit à son amour ?

CHŒUR

Honneur à toi, etc.

V

Elle sut deviner la France
Dans la Gaule au sang généreux,
Et vit en germe sa puissance
Dans la cendre de nos aïeux !...
Sa mission n'est pas finie,
Elle veille sur nos drapeaux,
Elle guidera le génie
Devant des horizons nouveaux.

CHŒUR

Honneur à toi, etc.

10.100 — Impr. gén. de Ch. Lahure, rue de Fleurus, 9, à Paris.

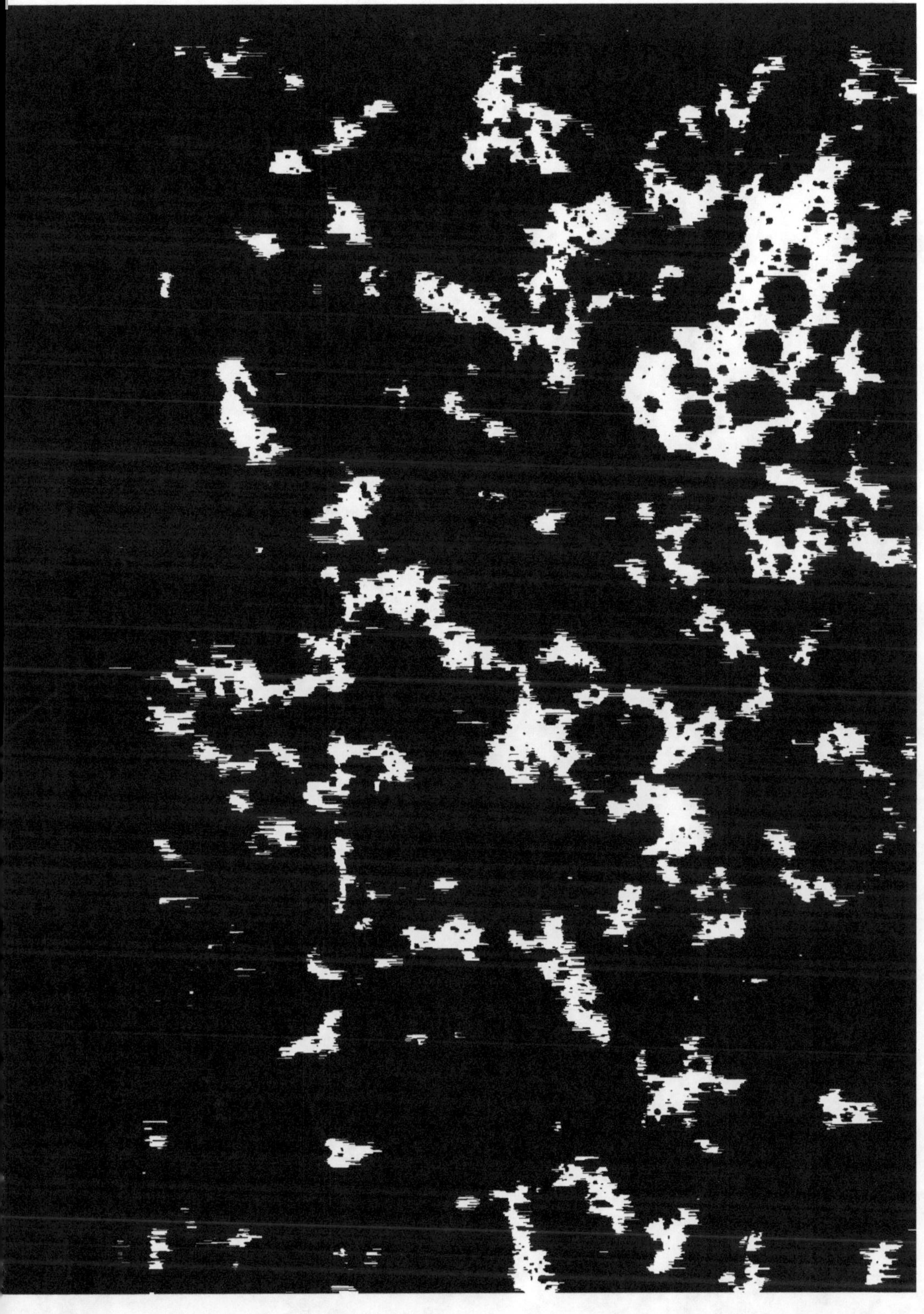